Angel R. Almagro

LE RÊVE DU PRINCE AILÉ

Volume 2

I0133069

ISBN: 978-1-77076-748-5

Ce livre a été créé avec StreetLib Write
(http://write.streetlib.com).

CRÉDITS

Table des matières

Introduction

A nos Fleurs

Dans une steppe bizarre
Eclot une Samantha
Et son arôme rare
Les champs parcourt déjà

La steppe avant aride
Est fécondée maintenant
La Samantha splendide
En enrichit nos champs

Un très méchant vampire
Un crime atroce a fait
Tout en jetant son ire
Sur un symbole de paix

La Samantha, mon Lord,
Vers Toi elle pousse bénie
Accompagnée alors
Par la Danielle jolie!

L'esprit mauvais qui rôde
Jamais n'empêchera
Que leur amour si chaude
Fasse fondre un cœur si froid

Et toi Grand Lord de tous
Revient en nous j'en pris
Pour empêcher qui pousse
Un si mauvais esprit

Et Roses et Samanthas
Muguets et Cyclamens
Danielles et Cassandras
Vivront dans notre Eden

---

[1] Samantha Runnion, née à Boston, Massachusetts, le 26 juillet 1996, fut violée et assassinée le 15 juillet 2002. Elle avait six ans.

[2] Cassandra Lynn « Casey » Williamson, née en St. Louis, Missouri, en 1995, fut enlevée de sa maison le 26 juillet 2002, apparemment abusée sexuellement et assassinée. Elle avait sept ans.

Prière du Papillon

Et prie le Prince Ailé
Au Ciel notre Seigneur
Que restent immaculées
Partout nos jolies fleurs

Les Roses et nos Danielles
Les Orchidées, les Guis
Les Dais , les Immortelles
Et les Muguets chéris

Les Phlox, et les Verveines
Avec nos Samanthas
Ce sont de grandes reines
Que fières éclore on voit

Nos Cassandras petites
Etranges fleurs nous sont
Qui avec les Marguerites
Décorent les Horizons

Oh, Dieu, défend, je prie
Que tout démon barbare
Flétrisse le paradis
Tout plein de Fleurs et gloire!

Et que nos reines aimées
N'en souffrent outre mesure
Symboles tout adorés
Bijoux de la Nature!

Prélude

Les hommes et les fleurs
Ont un rapport sans fin
Après la vie on meurt
Mais reste encor leur lien

Combien le Dieu je prie
Que notre globe demeure
Tout un endroit béni
Par le langage des fleurs!

Combien le Papillon
Partout accourt agile
Pour enseigner aux bons
Des fleurs un évangile

Et le Papillon heureux vole
Et rêve et danse de champs en champs
Et remercie le Ciel, les sols
Féconds et aimés par tant des gens
Qui ensemble et joyeux accourent,
Les fleurs partout, à la moisson,
Leur cœur remplis de bon amour
A l'aurore qui habille l'horizon
D'un or superbement magique
Par la bienvenue du Soleil
Que l'ambiance d'amour et musique
Qui règne aux champs reçoit à merveille.

iOh, combien de si jolies fleurs
Décorent les champs verts et féconds
De fine élégance et couleur
Et les plongent en parfum profond!

Combien de beauté la Marjolaine
Ajoute, et la Mélisse d'énergie,
A nos champs sans douleur ni peine,
D'immense félicité grand puit!

La Rose et le Rhododendron,
D'amour et grandiose élégance,
Admirent alors comment à la moisson
De grains, est riche trésor d'abondance!

Et ces jolies coquettes
En font un chœur divin
Avec la douce Violette
Et l'étoilé Jasmin

Avec la Marjolaine
L'Aster bel et confiant
Sa tendre odeur amène
Sans nul contraint, aux champs

En grains leur terre replète
Par sa présence inouïe
La Belle-de-nuit discrète
Les hommes bons réjouit

Sa sœur, la Belle-de-jour,
Coquette infiniment
Ajoute un grand amour
A tous nos riches champs

Et belle, la Véronique,
Ajoute à la moisson
Fidélité magique
Et son amour profond!

I

La moisson

Tranchée n'est pas vertu
Lorsque le blé gouverne
L'humain n'en souffre plus
De sa douleur interne

Quand même un vaste océan
Le son d'Orphée l'enjambe
Pour faire ouïr aux gens
L'écho d'un dithyrambe:

« L'aube avec lumière
Point à l'horizon
Quand l'humain très fier
On part à la moisson

Près de jolies Roses
Sous le ciel si bleu
Leur aimé se pose
Tout à fait heureux

Et encor s'envole
Notre Prince Ailé
En voyant les sols
Pleins de fleurs et blés »

Et les fleurs chantent d'allégresse
En voyant leur aimé joyeux
La moisson leur devient la messe
De laquelle elles sont gré aux dieux

Tous mes frères, tuez votre paresse
Et venez faire aux champs festin
La moisson fait toujours que cesse
A jamais la méchante faim

Ce lieu est un Eden
Comblé de paix et d'amour
Où la moisson de graines
Se tient en abondance toujours

Et le Papillon
Danse avec ses fleurs
Vu que la moisson
Donne à tous bonheur

Et s'envole encore
Ce beau Prince Ailé
En voyant l'aurore
Qui devient dorée

Dans le ciel il danse
Plein de joie l'esprit,
Quand en bas commence
La moisson bénie

Et les fleurs dansent avec finesse
En voyant leur aimé joyeux
La moisson reste encor la messe
De laquelle on est gré aux dieux

Tous mes frères, tuez votre paresse
Et venez faire aux champs festin
La moisson fait toujours que cesse
A jamais la méchante faim.

Ce lieu est un Eden
Comblé de paix et amour
Où la moisson de graine
Se tient en abondance toujours

Tant les mains agiles
De nos bons paysans
A jamais utiles,
Embellissent nos champs

De sincère amour
La moisson est puit
D'où l'humain toujours
Prend sa part de vie

Donc le Papillon
Sent ravi son cœur
Vu que la moisson
Offre à tous bonheur

Tant les mains subtiles
De nos bons paysans
A jamais agiles
Fertilisent nos champs

Prend encor son vol
Notre Prince Ailé
En voyant les sols
Pleins de fleurs et blés

Et ces fleurs chantent d'allégresse
En voyant leur aimé joyeux
La moisson restera la messe
De laquelle on est gré aux dieux

Tous mes frères, tuez votre paresse
Et venez faire aux champs festin
La moisson fait toujours que cesse
A jamais la méchante faim

Ce lieu est un Eden
Comblé de paix et amour
Où la moisson de graine
Se tient en abondance toujours

Donc le Papillon
Danse avec ses fleurs
Vu que la moisson
Donne à tous bonheur

---

[1] On fait allusion aux déités de différentes cultures.

II

Non seul le Ciel connaît
Des champs la vraie valeur
Et tant d'amour et paix
Qu'apportent à tous les fleurs

Le Papillon de même
A tous les gens conseille
La terre entière qu'on sème
De vie et de merveille

La terre étant un puit
D'où vient notre richesse
Allons dès aujourd'hui
En faire encor la messe

Dans chaque ville s'entend
Des brouhahas superbes
L'écho qui vient des champs
C'est la clameur des herbes

Commence la moisson
Du blé ou de la canne
Heureux les gens s'en vont
Au règne où rien ne fane

Du riz c'est l'opéra
Ou bien d'une autre vigne
Où l'on travaille sans loi
Voire même sans consigne

Alors tout à la ronde
On voit félicité
Quand tout le champ s'inonde
De douces graminées

La plus connue des reines
Du poudre bon et doux
C'est bien l'herbe cubaine
Offrant son sain vesou

Aussi le doux raisin
Un jus sacré nous offre
Et dont avec nos mains
Des vignes on fait un coffre

Et fruits, verdeur et Roses
On voit dans tout ce lieu
Béni par l'eau qui arrose
Ces grands cadeaux de Dieu!

La pluie le Ciel envoie
D'où tient notre verdeur
Qu'il fasse ou chaud ou froid
Pour arroser nos fleurs

Vers la récolte en voie
Un grand joli décor
Sur l'horizon se voit
Tout habillé d'aurore
En voie pour la moisson
Qu'ils soient paysans ou guère
Leurs yeux vers l'horizon
Où leur regard se perd

Ils sont heureux de voir
Tout l'horizon doré
Tout prêt de recevoir
Le cri pour commencer

Commence la vendange
Ou la moisson du blé
Les gens tout en mélange
Sont vus tous labourer

De la moisson en route
Leurs sacs chargés de vie
Nos bons paysans sans doute
Fredonnent un chants joli:

« L'aube avec lumière
Point à l'horizon
Quand l'humain très fier
Part à la moisson »

Combien se voit tranquille
Par l'abondance des champs
L'humain dans chaque ville
Mais grâce aux bons paysans

L'humain ou bien l'oiseau
Jamais n'a plus de crise
Partout les haricots
Sans doute à tous suffisent

Et tout le monde en vit
En joie et tolérance
Dans cet endroit béni
D'amour et d'espérance

Combien réel l'espoir
Pour tous et pour les gens
Et Dieu, plus digne en gloire
Seraient, féconds les champs!

Le monde sans misère
S'élève en paix l'humain
Sagesse assure la terre
Si pleine elle est de grains

Couverts de grains les champs
Tous embellis de fleurs
Jamais ne laissent les gens
Plonger dans le malheur

Dans cet endroit idéal
De rouges Coquelicots
Les fleurs à nos céréales
Ne causent jamais de maux.

Le Blé avec l'avoine
Le Seigle avec le Riz
Admirent la Pivoine,
Le Lierre et l'Aleli

Le grain fameux tout roi
Qui pousse en Cochinchine
Avec le riche soja
Est nourriture divine

Les gens des yeux étranges
Qui sont vraiment si beaux
On sait qu'ils sont des enges
En travaillant dans l'eau

De l'eau le riz on tire
Ainsi que le poisson
De là qu'il nous suffire
La pêche et la moisson!

III

La lumière nous vient
Sans que rien l'empêche
Quand en mer l'humain
Fait pour tous la pêche

Gardez tout sain le corps
Avec poissons et grains
Qui laissent qu'on vive encore
Sans peur du lendemain

Regarde les paysans
Combien ils sont allègres
En travaillant aux champs
Leur amitié intègre

Ensemble ainsi ils se tiennent
Sans même un brin d'ennui
Combien on sait certaine
Leur joie encor sans pluie

Ils savent que sans eux
Tout beau l'humain s'affole
Combien cet être émeut
Cet or couvrant les sols

Les champs de grains remplis
Et de nos jolies fleurs
Nous font tel paradis
Ce monde de couleur

Cher frère je voudrais bien
Que vous sachiez pour sûr
Que franchement le grain
La paix commune assure

Le grain assure aussi
Du monde un bon essor
Et fait que notre vie
S'éloigne de la mort

Ainsi bon similaire
Du Créateur glorieux
Venez creuser la terre
Pour vivre ensemble et mieux

Puissant et magnanime
Partout le Grand Esprit
À faire du bien anime
Aux grands et aux petits

Combien on suit l'Unième
Ensemble en travaillant
Combien heureux on L'aime
Par tant d'amour au champ

Et l'on y va allègre
Tout en chantant de joie
D'amour le cœur intègre
Parce qu'on se sent un roi

Et l'on ne craint plus rien
Si alors depuis l'aurore
Du champ on tire le grain
Toutefois fertile encore

Pour garantir la vie
Est suffisant le monde
Si avec sagesse et pluie
La terre demeure féconde

Pour joie il n'y a qu'une terre
Remplie de fleurs et grains
Où il faut que l'on enterre
La haine chez l'humain

IV

Rossinante

Depuis tôt le matin
Dorée la lune dehors
Courant tous les chemins
Gaillard il tient son port

Il court de champ en champ
Et veut à tous bonheur
Entier conçu pur-sang
Pour sûr c'est le meilleur

Tombant comme une cascade
Sa fine crénière au cou
En frère ou camarade
Il suit l'humain partout

D'Orphée il fut le bras
En échappant l'enfer
Qu'avec la lyre on voit
Courir vaillant le serre

Monté sur ce cheval
La lyre magique il joue
Et rend tel festival
La fraîche culture des choux

Et ce doux son de lyre
Et les oiseaux chantant
Nous offrent un bal qu'admire
L'humain joyeux au champ

Heureux on voit aussi
Avec l'oiseau qui chante
Courir les champs jolis
L'immense Rossinante

Avec le Prince Ailé
Que toute fleur enchante
Aux champs de nos vallées
On voit ce Rossinante

Le Chevalier d'Espagne
Sans son cheval héros
N'aurait réussit campagne
Versus tant de rivaux

Il fut cet homme savant
Qui parcourut les steppes
Les monts et tous les champs
D'espoir son âme replète

Mon frère ça va sans dire
Que Don Quichotte était
Seigneur que l'on admire
Un homme d'amour et paix

V

Et dire que ces beaux sites
S'entourent de belles forêts
D'Iris et Marguerites
D'Héliantes et Muguets

Le son tout fantastique
De l'invention d'Orphée
Nous est plus mélodique
Sentant la pluie tomber

Les gouttes d'eau tombant
Sur chaque fleur entière
Transforment tous nos champs
En sites sans frontière

Aucune frontière n'arrête
Le beau concert du temps
Qu'entière notre planète
Adore profondément

De tous les coins arrivent
Les gens et les oiseaux
Pour admirer si vive
La pluie tomber du haut

Et on admire aussi
De ce grandiose concert
La douce mélodie
Du rythme des tonnerres

Ce bruit tout fabuleux
Qui la forêt allume
Permet que soient ces lieux
Tombeau pour l'amertume

Le ciel vu si joli
Encore pendant l'orage
Nous fait penser béni
Ce si "super" mirage

Sur chaque feuille la pluie
Le ciel alors qui tonne
Nous offre une mélodie
Qu'on croit que Dieu frédonne

Par ce panorama
Et tous ces sons offerts
Un paradis on croit
Ce lieu bon et prospère

J'ai eu bien l'occasion
Avant un jour de vigne
D'entendre une audition
Qui au vin vouait bon signe

La messe quotidienne
Que chaque jour on suit
Et dont la douce reine
Tous nos efforts bénit

Voire même encor en brume
Ce grand concert se tient
Les sacs pleins d'agrumes
Plus tard on fait chemin

L'agrume on va semer
Pour agrandir les vignes
Que sous la lyre aimée
Leur vin s'avère plus digne

Si nous surprend l'averse
Encor les mains au champ
L'écho d'Orphée traverse
Le plus mauvais des temps

Et même en plein cyclône
Que la moisson réduit
La flore avec la faune
Demeurent en bons abris

Le rythme bellissime
Qui tous les champs égaie
Empêche que déprime
La source de la paix

De là qu'on nous conseille
Pendant notre corvée
De bien ouvrir l'oreille
A la chanson d'Orphée

Royaume imaginaire
De tous le plus joli;
Un son extraordinaire
Le tient tout enrichi

Il met tant de couleurs
Ensemble à chaque endroit
Que l'on choisit la fleur
La reine de la joie

C'est bien de paix la source
Le sol remplit de grains
Lequel permet la course
Du grand essor humain

Ayant le ventre vide
Le roi des animaux
Fera un génocide
De tous les champs si beaux

Et la nature inerte
Est cause du bel humain
Qui à peine en voit la perte
Dans notre grand jardin

De là, vos bras ensemble
D'après le Ciel, une Loi
Nous rend la vie plus amble
Mortelle encor qu'elle soit

Merci, notre Immortel,
De tous nos beaux matins
La terre entière est belle
Par tant de beaux jardins

Et dans ce bel endroit
Dès l'aube au crépuscule
Parfume l'Acacia
Avec le Rénoncule

La Lyre un son émet
Courant dans notre vigne
Qui en boit le vin ne fait
Aucune action indigne

La bonne action d'Orphée
Le bois remplit de gloire
Mûrit la Lyre d'amblée
La mangue avec la poire

Encor mûrissent d'un coup
La pomme et l'ananas
Ces fruits nous sont si doux
Qu'on perd tous les hélas

Le Rêve du Prince Ailé

Tous ces hélas s'en vont
Chassés par le bonheur
Où même aucun démon
Ne peut faner la fleur

Parfume l'Amarande
Ce bel endroit adoré
Parfume la Lavande
Les champs de blés dorés

Et le Muguet sauvage
Des monts et des prairies
Parfume l'entourage
Où pousse la canne chérie

Au rythme de la Lyre
Commence la moisson
Du sol le grain on tire
On tire de là l'oignon

Et sous son air bénit
Y pousse la légume
Avec les bons semis
S'en va toute amertume

Au rythme de la Lyre
S'écrase le raisin
La danse et notre rire
S'embrassent sous son vin

Aucun empêchement
La joie de tous n'arrête
Couvert de grain les champs
Se sauve la planète

L'Ailé, le colibri,
La fleur avec le cygne
Nous font du paradis
Un site à tous très digne

Ce site plein d'amour
Pour l'être roi si sain
Est lieu du bon labour
Qui nous fournit les grains

Le grain et la musique
Si nécessaires nous sont
Que notre Lyre magique
Ne quitte la moisson

Avec sa fine blancheur
Le cygne danse ému
Avec tant de splendeur
On croit Le Fils venu

Le chant du bel oiseau
L'esprit du cygne flatte
Duquel le blanc si beau
Et fin plumage éclate

Au rythme de la Lyre
Il danse si joli
Que notre Ailé admire
Le chant du colibri

Dans cet heureux endroit
D'amour et bonne humeur
Le Papillon on voit
Valsant de fleur en fleur

Par là il les féconde
De paix et d'amitié
Par là c'est beau le monde
Jusqu'à l'éternité

Autour des fleurs, l'ailé
Pendant qu'il vole et danse
La terre nous fait aimer
D'où vient notre abondance

Alors venue l'aurore
L'humain vraiment réjouit
Ce fabuleux décor
Qui est des plus jolis

Doré par cet éclat,
Du grand Soleil qui arrive
Plus beau le blé se voit
Et sa moisson plus vive

Au rythme de la Lyre
Notre moisson va bien
Partout s'entend le rire
Du bel et brave humain

La joie avec l'essor
S'avèrent de grands jumeaux
Au sol on trouve encor
De quoi bannir nos maux

Amour, sagesse et mains
Un chœur ensemble en font
Montrant que notre humain
Est roi de la moisson

Et ces fleurs chantent d'allégresse
En voyant leur aimé joyeux
La moisson restera la messe
De laquelle on est gré aux dieux

Tous mes frères, tuez votre paresse
Et venez faire aux champs festin
La moisson fait toujours que cesse
A jamais la méchante faim

Ecoute encore mes frères
Comment la mélodie
De notre lyre s'adhère
A celle du colibri

VI

Frères

Tout beaux
On voit à la ronde
Le ciel, la mer!
Le haut
Si bleu, l'autre profonde
Et sans misère

Et le vent
Qui caresse
Au matin
Tous nos champs
Sans paresse
Ni chagrin

Et l'eausoi
De branche en branche
Qui vole joyeux
Libre et roi
Sous la franche
Passion des cieux

O, rivière
Tel sang dans l'corps
Qui court et court
Sans frontière
Sans l'étrange mort
Et sans détour

O, cascade
Qui déferle
Sur le cours d'eau
Sérénade
Qui avec le merle
Fait bel écho

Et la brise
Qui tendrement
Caresse nos corps
Lorsque s'irise
Le Soleil venant
La belle aurore

Et s'embrassent
Sans moindre honte
Les deux amants
Sans cris ni hélas
Le Soleil qui monte
Au firmément

___

[1] En écrivant le mot « eausoi » on fait allusion à l'oiseau.

VII

Amour

Le papillon joli
Allégrement s'envole
Envers son Aleli
Qui tendrement l'affole

L'arôme délicieuse
De l'Aleli du bois
Remet son âme heureuse
Et l'alentour en joie

Pendant son vol nuptial
Le son de lyre d'Orphée
Nous rend plus beau le bal
De la moisson du blé

Le papillon alors
Se joint à l'Aleli
A l'horizon l'aurore
Dorant les champs bénis

Et nulle des fleurs des champs
N'en est jamais jalouse
De voir leur Prince aimant
Leur sœur dans la pelouse

Et Lys, Œillets, Fuchsia
Jasmins, Coucous et Roses
Sont vus éclore en joie
Lorsque les fleurs s'imposent

Et tant de fleurs ensemble
N'en fait pas moins certain
Que cet endroit nous semble
Le paradis divin

On garde ses couleurs
Sauvant cet habitat
Cet Arc-en-ciel de fleurs
Un grand Drapeau sera

Et ce drapeau s'étale
Dans l'univers entier
Couvrant belles étoiles
Les monts et les vallées

Oh, Dieu de l'univers
Protège cet endroit
Qui fait de notre terre
L'Eden que Tu créas

Les fleurs dansant heureuses
Avec le Papillon
La vie rend fabuleuse
Si riche est la moisson

VIII

Tribunes et discours
Micros, argent et cris
Seraient bien tous les jours
Fontaine de profit

Depuis l'indien chassé
À l'africain esclave
Par ce génial filet
On n'a aucune entrave

On n'a aucune entrave
Pour être plus amis
La mer en est moins grave
Pour être mieux franchie

L'esprit s'envole ailleurs
Son corps demeure serein
Merci encor Seigneur
D'avoir créé nos mains

De tant d'idées et d'airs
L'esprit chargé revient
C'est grâce au bon hard-ware
Que tout se voit certain

Dans tous les coins du monde
L'idée arrive à temps
Pour être assez profonde
La liberté des gens

L'humain est plus à l'aise
Courant ces airs nouveaux
Pour lui aucune malaise
Pour lui aucun fléau

Les plus trimant sur terre
Les moins trimant sous toit
Rendraient peu nécessaire
Remède aucun qui soit

La ville et la campagne
Seraient meilleures unies
Partout nous accompagne
L'engin bien accompli

L'or vert arrive en ville
Plus frais qu'auparavant
Par la machine utile
Plus rien ne tarde aux champs

On l'aime assez encore
Aux champs tout beau semés
Depuis avant l'aurore
Elle n'a les yeux fermés

Pourtant je dis collègue
Qu'il faut faire attention
L'outil que Gate nous lègue
N'est fait pour la Nation

Il faut des mains, hélas,
Pour labourer les sols,
Afin que puisse la masse
Remplir la casserole.

Serait dans toute étable
La bête à corne amie
Et nous aurons à table
Son sang alors blanchi

Nous lui donnons l'avoine
Elle laisse à tous son sang
Que comme un digne moine
Heureuse elle offre aux gens

On est plus grand qu'un jour
N'ayant été nourri
Par ce liquide d'amour
Qu'elle offre à nos petits

Si dans cette eau bizarre
On trouve élan de vie
Pourquoi l'humain barbare
La veut plutôt rougie?

On dit que c'est du sport
Quand l'on tue un taureau
Pourquoi il donne la mort
A un bétail si beau!

Le sol devient rougi
Alors que l'on s'amuse
A leur insu on dit
Que c'est bien de l'abuse!

C'est mieux avoir l'arène
Blanchie comme à Cuba
Cette île est bien la reine
Des plages pleines de joie

C'est triste voir la bête
Au sol toute allongée
Remplie de sang la tête
Les gens tous affolés

Ils sont reconnaissant
Au Matador si cruel
Qui a couvert de sang
L'arène jadis si belle

Bourreau sous sa capuche
Un homme attend heureux
Voir bien couvert de mouches
Ce corps tout malheureux

Et sans aucun remord
L'arène devient vermeille
Au sol inerte un corps
Se meurt sous le soleil

Malgré la vache laitière
Ils n'ont remords aucun
Pour le taureau qui fier
A affronté l'humain

S'avère aussi méchant
Qui croit étant un homme
Parce que le lait il défend
Que les garçons consomment

Dedans notre poitrine
Plus fort le cœur se sent
N'en est la caséine
Qui tous nous fait géants?

Cette eau est bonne et riche
Que froide on peut l'avoir
En France ou en Autriche
Ou à la Côte-d'Ivoire

Les « dessins animés »
Qu'on trouve dedans un œuf
Sont bien mieux digérés
Que ceux venant du bœuf

A quatre « pieds », ces bêtes
Qu'on doit moins les classées
Les êtres aux arêtes
S'avèrent bien mieux chassés

La mer inépuisable
En est superbe puit
Qui en décore la table
De ta maison chérie

Honneur aux fils d'Inlè
Qui tous les jours d'étoiles
S'en vont pleins de filets
Envers le large, en voile

Honneur aux fils d' Oko
Qui sauf en jour d'orage
S'en vont remplir très tôt
De fruit tout le village

Et ce qu'Oko apporte
Et ce qu'apporte Inlè
Nous laisse ouvrir la porte
Pour faire entrer la paix

Et le nouvel engin
Courant nouveaux ces airs
Permet que soient certains
Les champs dans tous les aires

Et ceux qui restent en ville
Seront les plus doués
Mais ils seront utiles
Avec l'engin créé

Et ceux qui font à peine
Que des papiers embellis
Seront, je crois, en veine
S'ils font de bons semis

Et ce n'est plus valable
Qu'ils vivent du marché
Afin d'aller à table,
Il faut faire la corvée

Ce sont de vrais fainéants
Qui mangent et boivent à l'aise
Mais s'ils haïssent les champs
La faim sera leur presse

Les moins seront caciques
A la tribu d'indiens
Où tout est dynamique
Par le nouvel engin

Avec des mains plus fraîches
Les champs s'enrichiront
A peine sera sèche
La table à la maison

De tant de nourritures
Remplis tous les « magas »
Rendrait la vie moins dure
Et les paysans des rois

En ville seraient les dignes
Dans ces nouveaux engins
Et nulle nouvelle consigne
N'auraient les citoyens

Hormis la bonne maxime
De faire de leurs travaux
La source richissime
Qui tous nous équivaut!

Et cet engin si grand
Rendrait la vie plus faite
Beaucoup iraient aux champs
Les moins à l' Internet

Pourtant, je dis, collègue,
Qu'il faut faire attention
L'outil que Gate nous lèque
N'est point pour toute action

Les plus « titrés » s'en vont
A l'air climatisés
Les autres aux moissons
De notre graminée

S'en vont beaucoup en marche
A la moisson du blé
Pour garantir la tâche
Du saint bon boulanger

Et vers la mer profonde
S'en vont beaucoup « d'Inlè »
Pour que la faim n'inonde
Aucune de nos cités

Aucune de nos campagnes
N'aura non plus la faim
Le mâle et sa compagne
Auront de riches terrains

Ils savent bien qu'en ville
Non pas la peine d'aller
Chez eux tout est utile
Où tout est bon marché

En temps de froids semis
Les gens de villes accourent
En employant l'outil
Pour leur prêter secours

Ils savent l'heure ponctuelle
Pour faire la bonne moisson
Et la marée usuelle
Pour faire le bon poisson

Et le surplus de gens
Alors mangeant à l'aise
S'en va vers les océans
Masqué en bonne synthèse

Le monde entier profite
Du bon travail qui vaut
C'est bien la Loi bénite
Des Saints Avis du Haut

Travail équivalent
C'est tout ce qu'il faut à l'homme
Qu'importe son l'argent
Dollar ou franc, en somme!

Que le travail lui soit
Chemin pour le bonheur
Et il verra la loi
Aussi jolie qu'une fleur

Sans être un joli prince
On le verra en lieux
Soit-il ou gros ou mince
Par le travail glorieux

Soit bien en France ou en Chine
Ira ce travailleur
S'il tue Cirse ou Carline
Noyant et grains et fleurs

De là la Rose Blanche
Que l'on va cultiver
Ou par-delà la Manche
Ou bien à Saint-Tropez

Ou duc ou bien marquis
Bourgeois ou prolétaire
La ville n'est plus maquis
Et moins encor sanctuaire

Sanctuaire où Dieu on prie
Nos mains donc infécondes
De nous sauver la vie
Et nos maisons immondes

Maquis où l'homme se bat
Mais sans aucun remord
« Versus » l'autre voilà
Dont l'on veut bien la mort

L'humain s'avère un frère
Quand le travail est roi
Qui connaîtra la guerre
Qu'il fasse ou chaud ou froid

La guerre l'humain assume
Si vides les sillons
De grains et de légumes
De riz et bien d'oignons

Déjà s'oublie la peine
La faim n'existant plus
Avec l'action qu'il mène
Par cet Avis voulu

L'Avis qui fait qu'on soit
Un homme véritable
Car son travail conçoit
De bien remplir sa table

Les bons fruits de la mer
Que l'on combine bien
Avec ceux de la terre
Par la magie des mains

Les mains avec l'esprit
Sont donc la clé magique
Qui font que notre vie
Se voit plus magnifique

Et cet Avis se couvre
Par le travail fécond
Lequel la porte t'ouvre
N'importe la maison

Que soit ta peau si blanche
Ou noire que soit ta peau
L'action féconde tranche
La haine des rivaux

Voilà « l'Onzième Avis »
Action féconde humaine
Qui rend plus belle la vie
D'amour et paix si pleine

Et on devient pareil
Par son travail qui vaut
Baigné par le Soleil
Brillant depuis le Haut

Celui d'action manuelle
Sera tel un bourgeois
La Terre étant mutuelle
Immense est donc sa joie

Il aime alors Mozart
Et l'œuvre « Garnica »
Il aime bien les soirs
« Tripper » sans nul visa

Ce droit universel
Par le travail humain
Nous rend la vie plus belle
Et l'avenir certain

La ville, l'outil, les champs
Sont vus en harmonie!
La fleur, l'ailé, les gens
S'adorent en bon ami

Il aime la balade
Que dire du boléro
Durant sa promenade
Il porte sa radio

Il aime bien le roi
Chantant ce bon <u>Mendez</u>
Mais dans la « Gloire c'est toi »
Avec sa voix d'altesse

Pourtant je dis collègue
Qu'il faut faire attention
L'outil que Gate lègue
Pour tous n'est pas question

Seraient noyés en larme
Beaucoup d'politiciens
N'ayant aucune belle arme
« Versus » ces bons engins

S'ils font de bons sillons
Ferait qu'ils soient allègres
Sans quoi près d'un million
Verraient la vie plus nègre

Avec les moins instruits
Les champs seront meilleurs
Ornés de feuilles et fruits
De grains et bêtes et fleurs

Hormis dimanche en messe
Iront trimer aux champs
Manquant de la sagesse
Et noirs, métis et blancs

De tant de mains replètes
La grande moisson du blé
Ou celle de la doucette
Sera tout bon marché

Sera à peine une plaie
L'humain très omnivore
Quand il égare sa paix
Partout tout il dévore

La paix s'égare, bon homme
Si l'homme est vu sans grains
Il tue et il consomme
Pour assouvir sa faim

Il laisse le bien d'autrui
Heureux le ventre immense
Ayant dès aujourd'hui
Gardée la bonne semence

Cet être bon mangeur
Ne pense pas non plus
Aux êtres inférieurs
Vivant de son surplus

---

[1]b Par « dessins animés on fait allusion aux acides aminés trouvés

dans les œufs.

[2] Oko (Orisha Oko) et Inlè sont des déités de la mythologie ou religion yoruba d'origine Nigérienne, très enracinée à Cuba et au Brésil. Oko est l'Orisha ou dieu de l'agriculture et Inlè, Orisha de la pêche.

[3] On fait allusion à la population.

[4] On fait allusion au « Onzième Commandement »

[5] On fait allusion au compositeur cubain Jose Antonio Mendez dont le bolero « La Gloire eres tu » (La Gloire c'est toi). Dans cette strophe, on trouve le premier vers « Il aime bien le roi » avec lequel on fait allusion au chanteur mexicain Luis Miguel qui chante le boléro « La Gloire eres tu » magnifiquement.

IX

Travail et équivalence

La joie qui tient serrés
Très fortement les gens
Plutôt c'est travailler
Pour mieux sentir l'argent

En quoi qu'il se déguise
Le fruit de ton travail
Et quelle que soit sa guise
Il est ton fort émail

Que l'on « trippe » en cheval
Ou bien en belle auto
Ce qui te tient égal
C'est bien ton vrai boulot

Ta tache équivalente
Je dis le vrai boulot
Fera la vie décente
Et tous alors égaux

S'il reste équivalent
L'argent vous fait plus forts
Sans quoi dorénavant
Tout est douleur et mort

A toi il me mesure
Par mon effort livré
La vie serait moins dure
Si l'on travaille allié!

N'importe l'énergie
Équilibrant ton rôle
Qu'importe chers amis
Le poids sur tes épaules

Qu'importe ton langage
Soit russe ou allemand
L'effort par ton ouvrage
Nous rend équivalents

Sachez que cet avis
Ne va pas vers la mort
C'est là les bons produits
Que tient plus beaux l'effort

Que tu travailles dix heures
Ton autre, moins de temps
Tout ce qui fait bonheur
C'est ton travail décent

N'envie jamais cet autre
Qui montre son million
Travaille comme un apôtre
Sans ire ni ambition

Travaille et ta richesse
Aura un jour sa voie
Et viens dimanche en messe
En remercier le Roi

Est dure parfois la vie
Suivant la loi du fort
Mais dans mon beau pays
On nage en vrai confort

Confort et joie et soins
Sont partagés toujours
Ça fait qu'en chaque coin
Eclot telle fleur l'amour

La femme auprès de l'homme
Une fleur jolie se tient
Elle est la reine en somme
Des plus sacrés jardins

Voici la belle semence
De chaque humaine famille
Voici sa bonne présence,
O, femme, étoile qui brille

Sans elle serait la nuit
Encor plus longue et dure
Sans elle à quoi la pluie
Qui fasse nos champs plus sûrs

La femme qui sait quand même
Qu'en elle tout est beauté
En temps d'ennui nous aime
Et laisse l'esprit sauvé

Si on l'empêche d'agir
Ferait de moi un fou
Car sous son sain plaisir
Elle rend l'esprit très doux

Et l'homme au champ s'en va
Ou bien à son usine
Son âme farouche est soie
Aimé par sa divine

Qu'elle soit dans sa maison
Ou bien dans le trottoir
Après la crue moisson
Elle le remet le soir

Son âme farouche est coite
Par la figure jolie
D'une noire, blanche ou « moulate »
Qui rend heureux l'esprit

---

[1] On fait allusion à la Mulâtresse.

X

L'impure (II)

Aux temps jadis de flammes
A elle on s'en prenait
Sans voir que cette femme
Le calme à l'homme offrait

Couvraient des places ses cendres
Par faute d'amour et paix
Combien d'amours si tendres
Perdus malgré sa plaie

Défeuille la pervenche
Qui n'ait jamais péché
Devant une noire ou blanche
En Eve toute habillée

Que jette une nouvelle pierre
Qui n'ait jamais éprouvé
Son âme heureuse entière
Après les doux péchés

La vie nous semble claire
Le cœur battant si sain
Combien m'est nécessaire
Calmé tenir l'instinct

Merci Seigneur mille fois
D'avoir créé pour l'âme
Douceur, amour et joie
Que nous procure la femme

L'Eden devint plus beau
Ainsi devient mon rêve
Quand fut créée du Haut
La belle amie, notre Eve

Naquît donc l'univers
Barbare, mais plus humain
Avec ma partenaire
Maîtresse de mon destin

La pièce majeure elle fut
L'ultime de l'Eden
Dont la meilleure vertu
La paix qu'à l'homme amène

A elle on lègue un rôle
De femme de jour ou nuit
Qu'elle tient sur son épaule
Durant son insomnie

De sa douleur elle fait
La joie de mon plaisir
Qui laisse mon âme en paix
Son sexe en dur martyre

Elle mène sans regrets
Ce poids sur son épaule
Qui l'homme, hélas, remet
Méconnaissant ce rôle

Si beau, cette création
Record Guinness, en somme
La grande consolation
Que Dieu sut faire pour l'homme

L'arôme de sa plaie
Le mâle aveugle attire
Quand il y goûte et fait
Son cœur se voit bondir

L'instinct n'est plus furieux
De l'affolé grand mâle
Qui laisse la belle sur lieu,
Dont le visage est pâle

Il ne comprend jamais
Qu'elle ait besoin d'amour
Bien lasse au lit défait
Il part, dehors le jour

Il ne comprend, lecteur
Que chez la femme il a
Amour, plaisir, douceur
Et paix avec sa joie

Que Dieu était savant
Quand il créa pour l'homme
Ce bon médicament
Versus ce qui l'assomme

La pire des maladies
Qui nous plonge en faiblesse
C'est la mélancolie
De vivre sans maîtresse

Plus un million d'amis
Liront ces beaux poèmes
Parlant surtout, je dis
Des malheureuses bohèmes

Elle souffre en nous aimant
Nos peines alors s'en volent
Tandis qu'au lit fumant
Son cœur encor s'affole

Et seule une fleur qui fane
On trouve en un vieux pot
Duquel sans doute émane
L'odeur pour son cachot

L'odeur nettoie et voile
L'arôme de sa plaie
Dehors un ciel d'étoiles
L'alcôve dedans défait

Le jour elle tient l'alcôve
Vraiment très colorée
Et bleue et rose et mauve
L'autel de Dieu, doré

Sa couche encore tiédie
Par sa présence d'ébène
Ou bien d'ivoire jolie
De son odeur est pleine

Et seule une fleur qui fane
On trouve en un vieux pot
Duquel sans doute émane
L'odeur pour son pageot

Combien utile sa tache
Dans son alcôve défait
L'odeur nettoie et cache
L'arôme de sa plaie

Avant qu'elle ne s'adonne
Le corps du mâle nettoie
Que l'on aime et pardonne
Etant du monde un roi

Et elle nettoie ce corps
Pour l'épargner des maux
Que lui transmet sans tort
Son rôle légué du Haut

Imaginons un jour
Dehors tombant la pluie
L'alcôve couvert d'amour
Auprès d'une belle jolie

En paradis habillés
Unis et corps et corps
Jusqu'à la matinée
En oubliant l'aurore

Alors je plains tout être
Qui peut réussir à peine
A faire bien disparaître
Dans son esprit la haine

Cet être alors je plains
Méconnaissant l'ardeur
Qui à son insu lui vient
De cette étrange fleur

Durant son existence
N'aurait-il point connu
Par sa jolie présence,
La loi du beau corps nu?

Il n'y a aucun cornu
Dans la superbe affaire
C'est la corvée voulue
La plus ancienne en terre

Il y a moins de rupture
Alors plus d'harmonie
Lorsque la belle impure
Eloigne la folie

Mon cœur se voit qui saigne
Quand on la méconnaît
Encor que Christ enseigne
Que tout par Dieu fut fait

Et moi et toi et lui
Et nous et tout le monde
Vivons-en aujourd'hui
Par la blessure féconde!

N'importe quel Narcisse
Il trouve en elle la paix
Sa peau ridée ou lisse
Pour peu il a sa plaie

C'est Dieu qui l'a créée
Ainsi que tout le monde
Il l'aurait effacée
S'Il la croyait immonde

Et l'homme été conçu
D'après Sa ressemblance
Mais elle y est venue
Étant du mâle la chance

Sans elle serait la vie
Une danse monotone
Et on croyait la nuit
L'hiver en plein automne

XI

Abigaïl

Tout près je garde une Rose
Que soient nos champs blanchis
Qu'avec amour j'arrose
Tel au printemps, la pluie

Malgré dehors le froid
De neige tout couvert
Dans l'horizon flamboie
La belle étoile lumière

Un mercredi quatorze
Très loin déjà mon Ile
Mon cœur retrouve sa force
Auprès d'Abigaïl

De joie bondissent nos cœurs
Voyant la terre blanchie
La neige avec les fleurs
Y peignent un paradis

Contraste extraordinaire
Les fleurs pendant le froid
N'est vu que dans la terre
De paix, amour et joie

Et l'air s'embaume d'odeur
Depuis tôt le matin
Le coloris des fleurs
Renforce leur parfum

Printemps sera bientôt
Avec les fleurs, l'arôme
Nos lieux alors tous beaux
Qui tout d'amour embaume

Malgré le froid dehors
De neige couverts les champs
Au loin se tient l'aurore
Tout l'horizon dorant

La belle Abigaïl
Une Rose est devenue
Ses yeux sous ses sourcils
L'égale à la Venue

Pourtant l'hiver encore
Les fleuves à peine gelés
Les fleurs toujours colorent
Les monts et les vallées

L'été n'étouffe plus
L'hiver non plus ne gèle
Avec sa belle Venue
On voit heureux Angel

Le Ciel il remercie
D'avoir laissé son cœur
Réjouir au paradis
Où pousse heureuse sa fleur

Les blancs jolis flacons
Qu'on voit sur les pétales
Dans tous nos champs nous font
Rêver l'Eden royal

Les fleurs avec les bêtes
En neige assez les champs
Permet dans la planète
Que tout soit ravissant.

Le soir, déjà la nuit
Encor labour aux champs
Chez nous sans nul ennui
On rêve tout en aimant

Alors qu'on laisse besogne
Aux mains des compagnons
Sa sève sans vergogne
Remplit mon cœur de sons

Des sons que tout mon cœur
Remet profondément
Tandis que mon bonheur
Atteint le firmament

Je goûte avec plaisir
Dans sa fontaine de joie
Cette eau que mon désir
Tout plein d'amour accroît

D'amour étrange puit
De joie et de plaisir
Le jour ou mieux la nuit
Son eau court m'assouvir

Le goût de la salive
Qui vient de ses entrailles
Remet ma joie plus vive
Tandis que je déraille

Déraillement d'amour
Et de satisfaction
Tant à sa plaie j'accours
Pour ma consolation

Envieux j'arrive en toi
Par la fente interdite
Etant un puit de joie
Ta plaie n'est pas maudite

Combien son doux nectar
Me sauve et me remet
Combien sa fente rare
Remplit mon âme de paix

Saveur amère et pure
Boisson qui m'assouvit
Et tout mon corps assure
Un bien plus sain esprit

A chaque claire de lune
Dans ce coin merveilleux
Ma belle, telle fleur aucune
Me rend le cœur joyeux

Ce coin peint en couleur
N'aura jamais sa fin
Parce que les chants des fleurs
Renforce mon instinct

Par mon instinct viril
Mon fief se multiplie
Chaque jour on voit par milles
Les fleurs au paradis

J'ajoute à mon royaume
Ma Rose bienvenue
Sa sève et son arôme
Rappellent l'Eden perdu

C'est une nouvelle belle Eve
Tellement fine et jolie
Et d'une si douce sève
Que mon désir grandit

Le doux péché d'Adam
Est bien compris alors
Par le malin serpent
Est plus aimée l'aurore

L'aurore est si jolie
Auprès d'une si belle Eve
Que même à l'infini
L'écho d'amour s'élève

La pièce ultime créée
Fut quelque chose d'immense
Son odorante plaie
Brisa l'intolérance

D'odeur et sève ardente,
De fils fins et soyeux
Que l'âme est délirante
Quand l'on y goûte anxieux

L'humain sans ces atouts
Sa voie sans doute égare
Il n'en parvient au bout
Que par sa fente rare

Fontaine d'arôme et sève
Qui mène au bout voulu
Avec ma douce belle Eve
L'Eden n'est point perdu

De paix et bel amour
C'est un vrai paradis
Tout plein de fleurs autour
Que Dieu nous a bâti

Heureux et bel endroit
De pluie et vent et neige
De tant de gens en joie
Que Dieu du Haut protège

Avec ma jolie Rose
Abigaïl le nom
L'amour déjà se pose
Très loin des horizons

L'amour s'envole très loin
Pour annoncer à tous
Que dans mon beau jardin
Ma fleur parfume et pousse

Et je n'avais senti
Jamais une telle haleine
De pur amour et paix
Et sans rancœur ni peine

Mon vol reprend son but
Ayant goûté la sève
Du corps si bel et nu
De ma jolie neuve Eve

Mon pays imaginaire
Alors m'est plus joli
On voit partout sur terre
Comment ce lieu radie

N'existe nul péché
Ni fruit que l'on défende
Avec ma belle aimée
Nos chants au ciel s'entendent

Des chants de joie profonde
Qui volent dans tous les cieux
Et dont l'écho au monde
Est tel massage des dieux

Encor le temps qu'il fasse
Quiconque soit l'humain
Dans cet Eden de grâce
Il ne s'afflige point

Ma fleur Abigaïl
Tout mon destin parfume
Et rend mon rôle utile
Et moi sans amertume

Le ciel applaudissons
D'avoir créé la fleur
Laquelle dès la moisson
Décore tout en couleur

Le Maître applaudissons
D'avoir été si clair
Par notre Papillon
L'Eden est l'univers

XII

L'Ile imaginaire

Pour nous est un trésor
Les champs de beaux sillons
Le lac plus riche encore
Sans boue ni tourbillons

Et leurs produits, sans doute
Sont tous bien partagés
Dont nul jamais ne coûte
Qu'un brin de bonne corvée

Chacun son rôle entraîne
Dévoué laboure l'humain
Tandis que vers sa reine
L'ailé vole au jardin

Travail, amour et joie
Pour l'homme est quotidien
Chanter joyeux on voit
La bête avec l'humain

L'hiver avec la neige
Entiers les champs blanchit
Tandis Il nous protège
Tout beau les champs fleuris

La pluie à temps empêche
Alors sous forts climats
Sentir la feuille sèche
Tomber au sol sans joie

Grands verts et grands fleuris
Les monts que l'on parsème
De beaux et longs semis
Si joliment qu'on sème

Les monts si adorés
La pluie bénite attirent
Ces champs de vie plantés
Que tous les gens admirent

Le ciel alors arrose
Les champs et les semis!
Serait quelqu'un qui ose
Ne pas aimer la pluie?

Elle court vers la rivière
Après elle court au lac
Cette eau bénite entière
Remplit de joie nos sacs

Au ciel encore elle monte
Où elle est bénie par Dieu
Quelqu'un croirait un conte
Ce monde merveilleux

Etant le ciel baigné
Par l'eau bien éternelle
Nous fait la pluie aimer
De sorte universelle

Pays sans nul pareil
Le plus joli qui existe
Les gens sous le soleil
Demeurent ensemble et mixtes

Ces gens vivent enchantés
Voire même en temps de neige
Où voir les champs plantés
Est bien un sortilège

Et même le bon homme
Avec sa pipe en bois
Est pris pour gentilhomme
Dans ce superbe endroit

Quand tombe en eux la neige
Une fois l'automne fui
Un frôlement de grège
On rêve avoir senti

Quand il pleut à grésil
Des perles on voit au cieux
Qui tombent sur les villes
En rythme mélodieux

Et la jolie musique
Au touche avec les toits
Fait voir cette île unique
Royaume de bon aloi

Une création en elle
C'est bien sa terre jolie
Et dont sa mer si belle
A tout humain ravit

Je vous invite même
D'aller jusqu'aux entrailles
De cette mer que j'aime
Pour voir son beau corail

Le blanc, le cramoisis
Le rose ou bien le noir
Tous ces coraux unis
Un firmament font croire

Un firmament d'étoiles
Dans ce royaume de l'eau
Que joliment étalent
Tant de jolis coraux

Les bêtes du silence
Vraiment heureuses sont
De vivre en telle ambiance
Sans aiche ni hameçon

Belle île imaginaire
La plus jolie du monde
Où même en plein l'hiver
Sa terre demeure féconde

Ses champs de graminées
De feuilles du roi Havane
Et ceux du bon café
Qu'il pleuve ou non ne fanent

Les feuilles restent vertes
Qu'il soit Janvier ou Juin
Mon île demeure ouverte
A tout sincère humain

L'humain de cœur durci
Et qui son frère dédaigne
Qu'il vienne à l'île fleurie
L'amour pour rien l'enseigne

L'amour y est sincère
Venant du cœur profond
Dans l'Ile imaginaire
On vit en compagnon

L'amour enseigne l'homme
A prendre en frère l'ami
On y travaille en somme
Sans haine et sans mépris

En travaillant l'humain
Il a tout à sa guise
Après qu'il a son gain
Il a sa marchandise

L'adage du paradis
Où l'on n'a plus la guerre
Est quelque chose de dit
L'humain n'en souffre guère

La faim et la misère
Sont bien déjà chassées
Dans l'Ile imaginaire
De joie, amour et paix

Sans cris dans ses entrailles
Auprès des fleurs et bêtes
Souriant l'humain travaille
Pour faire le soir sa fête

Dans son foyer allègre
La faim ne rôde plus
Sa vie est tout intègre
Et source de vertu

Intègre de bonheur
Et de sincérité
La vie du laboureur
Y tient longévité

XIII

L'être affamé

Ce rêve est peu certain,
Tenant sans doute compte
Que l'homme demeure vilain
Si fait la faim son compte

Le monde hors de haine,
L'humain vit sans regret
Le sol donnant la graine
Qui tient l'Eden parfait

Parfois quand il s'ennuie
Au monde il a affaire
Duquel la paix il nuit
Sans pleurs ni commentaire

Le puit de l'univers
Inépuisable il croit
Pensant que voire la mer
N'aura jamais sa croix

Partout la vie gaspille
L'humain méconnaissant
Que même sa famille
Il tue fanés les champs

La Terre notre maison
Est en danger mortel
A cause du fanfaron
Qui vit encore en elle

Il tue nos bons moutons
Lesquels au bois pâturent
Et fane tous les monts
Pour en bâtir masures

Il tue et tue à l'aise
En dévorant la vie
L'humain est ce malaise
Qui noie la terre jolie

Il cueille et en consomme
Ce fils de l'habitat
Que tout partout assomme
A son insu, sans droit

Et pire que le cyclone
Et pire que le volcan
Il tue et flore et faune
Qu'il soit l'espèce pensant

XIV

La Faim

La faim est une mégère
Qui rend nos sols herbus
Le cœur humain enfer
Et l'âme sans vertu

Et cet humain sans cœur
Hagard et fort gredin
N'éprouve nulle douleur
Envers tout autre humain

La faim vraiment aveugle
Le bon civilisé
Sans cloche au coup, il meugle
Et paître à la cité

Il quitte le sillon
Afin d'avoir son lard
Dans une jolie maison
Bordée d'un bon trottoir

Mon champ ni votre ville
N'échappent guère au coup
Les gens de la bonne île
Y flânent sans un sou

Leur poche perd valeur
Le fruit de leur travail
Ne peut calmer douleur
Du ventre qui déraille

Nous font la vie très dure
Les champs sans bon semis
L'humain sans nourriture
Se penche à la folie

Vraiment c'est un trésor
La terre bien labourée
De droit l'humain en sort
L'oignon pour son souper

Le bien qui tous égale
Aussi en sort l'humain
Le cuir pour la sandale
Et la farine au pain

La soie pour la chemise
La laine pour le chapeau
La sève d'abeille exquise
Avec du noix coco

Le fruit qu'on prend en jus
Avant le bon dîner
Les choux qu'on mange crus
Avec la poule grillée

Et tout produit du champ
En ville n'est pas très cher
L'adresse du bon paysan
Nous cure de la misère

Sachant tout plein son verre
De lait ou bien de vin
Qui lui court de la serre
En ville sourit l'humain

N'étant le sol un puit
Dans ce bel univers
De grains, légumes et fruits
Tout homme est une mégère

Et pensent ses entrailles
Au lieu de sa cervelle
Ses tripes en lui déraillent
Sans pain ni mortadelle

Cet homme est vu fléau
Qui l'habitat dévore
Tr ès fou est son cerveau
Et « gorilleux » 1 le corps

La faim est la misère
Qui rend nos sols herbus
Le cœur humain enfer
Et l'âme sans vertu

Mais la sagesse humaine
Par s'imposer finit
Au champ éclot la graine
D'où sort notre énergie

Sourit l'humain en ville
La terre aimée vraiment
Parce qu'elle est sans péril
Aux mains de nos paysans

N'est plus une musaraigne
Le bon civilisé
Quand la récolte enseigne
Par l'abondance aimée

En profiter qu'on puisse
Pour garantir la paix
Pour que la vie grandisse
Sans faute et sans délai

---

[1] D'une manière burlesque et figurée, on utilise le mot « gorilleux » (de gorille) pour faire allusion comment l'homme se conduit dans son milieu, la société, à cause de la faim et la famine, et le chômage.

XV

Dans la contrée du rêve
De notre Papillon
N'existe pas la grève
Les mains dans le sillon

La pluie qui vient du haut
Honore la terre entière
C'est un pays très beau
Sans peine et sans frontière

N'hésitez pas bon homme
A faire autant que nous
Sans peur l'espèce consomme
Jusqu'à remplir son goût

Soit-il chanteur l'oiseau
Heureux l'ailé soit-il
Avec des champs si beaux
On croit l'Eden mon île

Venant du ciel la pluie
La Terre entière honore
Rendant tel paradis
Mon île de faune et flore

Tenez à ma parole
Ne perdez pas le temps
Sinsontes et Rossignols
Heureux égaient nos champs

Ils font un tout concert
Si doux et merveilleux
Que tous dans l'univers
Se veulent au fief glorieux

Le rire et le sourire
N'en quittent plus l'humain
Qui sait que l'avenir
S'embaume de parfum

Rester auprès des fleurs
Est quelque chose de beau
La joie et le bonheur
Eclosent depuis très tôt

Et c'est aussi « super »
Comment un vieux faucon
S'amuse assez sincère
Avec le papillon

Le merle et le moineau
Contents des grains picotent
Sans que les serres du haut
Leur soient de vraies "menottes"

Mon cher ami lecteur
Soyez-en bien certain
Tout bon oiseau sans peur
Habite à mon jardin

Qu'il ait le bec en fer
On sait que ce faucon
Ne vient jamais sur terre
Briser la paix d'un bon

Parfois il vient danser
Au sol où l'on l'accueil
L'oiseau, la fleur, l'ailé
L'humain ou l'écureuil

Un jour quelqu'un m'a dit
Avoir pu voir dans l'air
Cet écureuil petit
Sur ce grand exemplaire

Et ce mignon rongeur
Au-dessus d'un tel rapace
N'émet jamais de pleurs
Jamais n'émet d'héla

Et le joli faucon
Volait avec amour
Tenant le beau mignon
Sous la clarté du jour

Le Rêve du Prince Ailé

Et le bel écureuil
Voyait du haut la terre
Laquelle depuis ce seuil
Semblait imaginaire

Le seuil du trône glorieux
Ce bel azur immense
Où le petit gracieux
Se sent en bonne ambiance

Faisant ce grand voyage
Il se croyait rêver
Tel face à un beau mirage
Par son monde enchanté

Vers l'horizon au loin
Et sur la belle aurore
Admirent nos deux copains
Comment tout se colore

En bas tout se dissipe
Des fleurs et des châteaux
Ce sont de fines Tulipes
Et des moulins très beaux

Et des Muguets aussi
Auprès des Roses Pompons
Qui avec les Cramoisis
Décorent encor les monts

D'en bas les fleurs regardent
Heureux le couple ami
Comment cet oiseau garde
Dans l'air le tout petit

Les plumes avec les poils
Faucon et écureuil
Chacun se sent égal
N'ayant jamais de deuil

Qu'importe ton espèce
Vivant dans cet endroit
Tu n'es pas en détresse
Où tu n'es pas une proie

Aucun gros animal
Ne tue pas un voisin
Dans cet Eden génial
Partout on trouve des grains

Le grain est la cellule
De l'abondance aimée
La faim s'annonce nulle
Etant les sols semés

Par là aucun rapace
Manger jamais ne tient
Malgré sa forte race
Aucun petit voisin

Par là notre rongeur
Au dos du brave oiseau
Regarde heureux les fleurs
Au long des champs très beaux

C'est un message de Dieu
Pour un nouvel Eden
La vie s'écoule donc mieux
Vivant sans faim ni haine

Le monde est en balance
Pour tous la faim finie
Et loin part la violence
Pour vivre en paradis

Un paradis nouveau
Régis par le labour
Sans haine et sans fléau
De paix et de concours

XVI

Avec une douce pomme
Calmant ton appétit
Pourquoi tu en consommes
Plusieurs de ces bons fruits?

Si trop l'humain en mange
Il perdra son goût
L'instinct qui se dérange
Quand il est trop glouglou

Profites-en assez
De ce bon fruit juteux
Il n'est jamais fané
Si tu en goûtes peu

La chair te semble fraîche
Assez goûtant ce fruit
A temps par là s'empêche
Qu'il ait sa peau flétrie

Parfois, on rêve l'arôme
D'un autre fruit juteux
Celui de la belle môme
Qui fait qu'on vive mieux

Le fait que tu le saches
Un fruit et propre et doux
Assure ta digne tâche
D'aller bien jusqu'au bout

Ton goût n'aura d'usure
Que soit fané ce fruit
Ne fait jamais blessure
Qu'un jour on soit vieilli

Egare instinct tout homme
Goûter de fruit en fruit
Adore ta douce pomme
La seule qui te suffit

L'humain très fort demeure
S'il garde un seul atout
Son trône faibli et meurt
Il en néglige le goût

En plus il peut goûter
Son fruit sans peur ni honte
Sans quoi il va trouver
La fin envers son compte

XVII

La faune inférieure

Au temps de dure disette
Ces êtres sont la proie
De ceux qui la planète
Dévorent et pas à pas

De là, la bonne promesse
De protéger conscients
Du monde toute espèce
Autour des bons chrétiens

Cela tient l'équilibre
Dans ce bel habitat
Où l'être encor plus libre
Aura l'esprit de choix

De choix aura l'esprit
Cet être moins farouche
Dès que sa belle jolie
L'accueille dans sa couche

Avant le bon Soleil
Il en aura la fleur
Le temps dans le "display"
Fatigue assez son cœur

Il tient de la balance
Avec sa belle aimée
Travail avec jouissance
N'égare jamais pensée

Et plus il fait des comptes
Et plus elle le remet
Il faut se rendre compte
Qu'ainsi on a la paix

La paix dedans son âme
La paix en moi aussi
D'avoir créé la femme
Mon Dieu encor merci

Peu se passe l'humain
De sa divine reine
Par elle fut un jardin
Dès son début, l'Eden!

Il fut l'Unique Artiste
Qui sut avoir créé
L'humain alors soliste
Le seuil de la Beauté

Cet homme au paradis
Aveugle était encore
Quand il vit sa Jolie
Pour tous naquit la mort

Avec tous ces atouts
Trouvés chez la femelle
Les hommes seraient fous
Leur vie alors sans elle

Quel homme pourrait tenir
Vivant seul à jamais
Avec tant de plaisir
Dans cette étrange plaie!

Et moi et toi et lui
Et nous et tout le monde
On vit même aujourd'hui
Par sa blessure féconde

Que son odeur bizarre
Le mâle attire au seuil
Et dont l'instinct si rare
Déchire d'un coup la feuille!

Combien ce seuil de vie
Le mâle heureux vénère!
Combien d'amour bénis!
Combien d'amour sincère!

Et romps la feuille d'un coup
Par son odeur, l'instinct!
Combien se voit tel fou
En y goûtant l'humain!

De vie sa plaie est seuil
Et de beauté toute l'Eve
Que l'homme sage cueille
Etant ses fleurs de rêve

De vie sans fin fontaine
Et de beauté aussi
Elle fut la souveraine
De tout le paradis

C'est la grande évidence
Qu'un homme était le Dieu
Il fit la femme immense
Comme un trésor précieux

Quand l'homme premier ouvrit
Ses yeux devant son Eve
Devint le paradis
Tout un Eden de rêve

XVIII

On sait le Dieu, le Père,
Qui sagement nous voit
Tantôt Il est sévère
Tantôt Il ne l'est pas

Parfois l'humain ignore
La suite de Son légat
Etant maçon alors
De ce que Dieu créa

Dans nos maisons immondes
Sanctuaires d'où l'on le prie
Malgré nos mains fécondes
De nous sauver la vie

Deux mains et un cerveau
Suffisent à faire réelle
La création du Haut
Ainsi toute éternelle

Des bêtes inférieures
Serait-on sans piété
Et sans admirateurs
La Rose et l'Orchidée

A quoi alors les doigts
Ornant la main humaine
Et le cerveau du roi
Qu'arrosent de sang les veines?

Et notre beau langage
Parfois si différent
A fait du Saint ouvrage
Un bon exploit géant

Avec les nouveaux airs
D'après l'Onzième Avis
L'essor bon et prospère
Dans la gloire aboutit

Partout part en vadrouille
Sans même un sou l'humain
Si ne demeure en rouille
L'Onzième Avis divin

Et tous ces airs nouveaux
Mélangent les symboles
Les laids et les plus beaux
Les chics et créoles

Pour affronter le pire
Et se tenir hautain
Il faut bien accomplir
La norme de nos mains

Ne crains jamais fatigue
Travaille le temps voulu
L'argent gagné n'intrigue
Aucun voisin connu

Mais une muraille oppresse
Le digne essor des mains
Si l'on ne voit qui cesse
Le grand dilemme humain

L'Onzième Avis nous mène
A voir par le travail
Oh, digne action humaine
La fin de la muraille

Par cet Avis Onzième
La vie est telle qu'on voit
Un peu moins dure quand même
Que celle des autrefois

Mais ce dont l'homme est gré
Du plus profond du cœur
Que Dieu lui ait créé
Dans son Eden, les fleurs

Et Dieu n'est pas la peine
Que l'on souvent le prie
Que soit mon âme humaine
Ce dont je remercie

Et je conduis mes mains
Guidées par ma conscience
Pour faire nos rêves plus sains
Et notre joie immense

A quoi alors prier
Le souverain au trône
Le fait d'avoir deux pieds
Nous rend les rois des faunes

En fait on va partout
En liberté sans peur
Pour arriver au bout
Du règne du Seigneur

Sera le monde entier
Mais plus à nous, guignols,
Où ne sera "ramier"
Aucun envers le sol

Regarde vers l'azur
Au trône où Il s'assoie
Remercie l'en, bien sûr!
De nous remplir de foi

Mais ne le pris de faire
Tout ce qui t'appartient
Il guide l'Univers
T'ayant créé humain

L'idée universelle
De plus en plus on fait
Sera ainsi réelle
Dans tout endroit, la paix

L'universelle idée
Qui vient par la sueur
L'amour et l'amitié
La paix et le bonheur

Est fort aimé le Dieu
Ainsi que ton confrère
Si tu sais faire le mieux
Pour enrichir la terre

L'amour à ton Suprême
L'amour à ton voisin
T'éloigne des dilemmes
Le sol rempli de grains

L'océan devient étroit
Dans notre bleue planète
Par cet engin si roi
Qui va par l'Internet

Le bon savoir de tous
Soyez sûr et certain
C'est Internet qui pousse
Vers le sommet humain

Mais ce chemin nouveau
S'avère à suivre en digne
Sans quoi seraient nos maux
Plus durs et plus malignes

Jadis on fut victime
De la furie du temps
Déjà est moindre crime
Le plus furieux volcan

Et notre Onzième Critère
Est un mélange saint
Fécondation première
Avec travail humain

D'après les Ecritures
Just'au commencement
On peut y trouver, pour sûr
« L'Onzième Commandement » [1]

Pourtant il appartient
Au trois dits essentiels
Mais il faut que l'on voit bien
Ce clair message du Ciel

Suivant l'Onzième Avis
Par la désobéissance
L'humain changea la vie
Poussé par la jouissance

---

[1] Genèses 3:16-19. Il dit à la femme: « J'augmenterai la souffrance

de tes grossesses, tu enfanteras avec douleur, et tes désirs se porteront vers ton mari, mais il dominera sur toi ». Il dit à l'homme: « tu auras des épines et des ronces, et tu mangeras de l'herbe des champs. C'est à la sueur de ton visage que tu mangeras du pain, jusqu'à ce que tu retournes dans la terre, d'où tu as été pris; car tu es poussière, et tu retourneras dans la poussière.... »

XIX

Ce sont tes bonnes images
Qui ont blessé ta vie
Faisant ouvert outrage
De ton Eden chéri

Le Ciel enseigne à tous
Le vrai chemin glorieux
Pour que le vice ne pousse
Personne envers l'adieu

Que je m'appelle Angel
Depuis que je suis né
Me tient vraiment fidèle
Envers le Trône aimé

A la bonté du Haut
Cela n'est pas offense
Qu'arrive au mois plus chaud
Le jour de ma naissance

Mon signe est bien puissant
Parlant de l'Horoscope
Depuis le Proche Orient
Et jusqu'au trône du Pope

C'était le deux d'un Août
Celui de brave Léon
Le mois plus chaud sans doute
De l'estivale saison

On sait ce temps enfer
Par notre roi Soleil
Jetant son ire de fer
Depuis chaque réveil

Ce sont tes bonnes images
Qui ont blessé ta vie
Faisant ouvert outrage
De ton Eden chéri

Il gère encore la pluie
Qui vient calmer ta peine
Ta soif elle assouvit
Et rend la vie plus saine

Le Ciel nous a offert
Ce grand aimé cadeau
De notre vaste mer
Revient toujours cette eau

Du Ciel elle vient en pluie
Qui tombe alors potable
Ayant la mer bénie
On a du pain à table

Le Rêve du Prince Ailé

Ne cesse Le Ciel d'apprendre
Par le Soleil brûlant
Que l'eau on peut y prendre
Pour arroser les champs
On sait cette eau de mer
Les vents tout en furie
Tomber non plus amère
Sur tous nos champs chéris

Qu'importe sécheresse
Qu'importe automne gris
Le Ciel jamais ne cesse
De nous offrir sa pluie

Et tant qu'il y a la Mer
Et tant qu'il y a le Feu
La pluie arrose la Terre
Qu'on vive en temps affreux

Le Ciel déclenche furie
Bruyante le tonnerre
Qui nous tous assourdit
Et fait trembler la terre

Alors le Ciel fâché
La terre entière agite
L'humain moins effrayé
Sous l'Internet s'abrite

Ce Ciel sous la colère
Du vent et de la pluie
Ravage dur la terre
Mais elle s'en enrichit

Voilà de l'équilibre
Qui tient la vie sauvée
Qui rend l'humain plus libre
Et verts les champs semés

C'est un des dons du Haut
Qui gère notre nature
Sans feu et moins sans eau
La vie devient torture

Le monde ainsi créé
Nous le voyons le même
Mais nous voilà changés
Conçus par le Suprême

Le jour septième de l'ère
On fut donc embryon
Depuis on est prospère
Sous Sa bénédiction

Et fut créée son œuvre
Par l'embryonnaire assaut
Le coup de la couleuvre
Changea l'avis du Haut

Le reste de sa pièce
Est bien menée par nous
Qui grâce à sa noblesse
Parvient sans trouble au bout

Le Père donna son Fils
Qu'un jour on a connu
Voulant ôter malice
A nous il est venu

La vie est moins dilemme
Par son message divin
Suivant l'avis Onzième
Avec le chant des mains

Mettez-vous tous ensemble
En respectant les droits
Pour que le monde semble
Un édénique endroit

Eden imaginaire
Le plus joli des lieux
Où l'on vit sans misère
Guidés par notre Dieu

Depuis les temps premiers
Jusqu'aux nos jours actuels
L'humain s'est su rallier
A tout avis mutuel

Durant ces heures passées
L'humain put peu grandir
La mer tint séparés
Les gens sans la bondir

Maintenant on en diffère
De l'homme jadis réduit
N'est plus entrave la mer
Pour l'homme d'aujourd'hui

Avion ou bien bateau
Tunnel ou Internet
Dispensent l'être beau
D'aller où Dieu permette

N'est plus notre homme un nain
Comme il était jadis
Géant et plus humain
Malgré son brin de vice

L'intelligence humaine
Sera plus forte un temps
Qui l'être alors amène
A faire honnête argent

La mer ni la distance
Ni tant de fils vilains
N'empêcheront la science
De mieux unir nos mains

Nos mains unies alors
Rendront plus belle la vie
Avant le jour, l'aurore
Plus belle sera aussi

Nous garderons nos mœurs
Les nôtres et les siens
Et resteront nos fleurs
Les reines aux jardins

XX

Métissage

C'est bien par le mélange
Que l'homme sauvage est moins
Qui en devient un ange
Et prend de tout bon soin

Et rien n'est plus entrave
Pour l'animal malin
Car tout se voit moins grave
Par le mélange humain

XXI

Impose Sa Loi le Père
Gérant partout la vie
En bas aucune vipère
Ne rouille le Paradis

Le soir, notre herbe humide
Alors régnant la nuit
Nous cache une faune timide
Des vers et de cricris

Après tant d'heures de fête
Tantôt flânant par là
Tantôt rompant trompettes
Ils baillent au jour tout las

C'est un concert unique
Qu'ils font superbement
C'est un concert magique
Qu'on fait la nuit aux champs

La nuit entière on chante
Le jour on est caché
Leur chant de nuit enchante
Les gens dans la vallée

Tandis qu'ils dorment le jour
Sans même savoir le temps
L'humain heureux accourt
Creuser la terre aux champs

Et sans savoir bien l'heure
Tandis qu'ils dorment à fond
La ville toute en couleur
Surgit grâce au maçon

La nuit, en veille alors
Le bon pêcheur on voit
Rester jusqu'à l'aurore
Cherchant en mer leur proie

Paysans, pécheurs, maçons
Des rois qui font histoire
Par qui Sa Création
Se tient peu dérisoire

Combien fut Dieu savant
Quand Il créa ces frères
Qui sont tous suffisants
Pour garantir la terre

Mais Dieu reste en éveille
Du cours de Sa magie
Qui sait encor merveille
L'essor du paradis

Si furent créer les fleurs
Avant de faire l'humain
Partout c'est leur couleur
Ayant encor bon train

Couleur existe encore
Dans tous les horizons!
Ne fut créer l'aurore
Pendant la Création ?

Ne fut créé hautain
En haut l'immense phare
Duquel le feu lointain
Déguise les nuits noires

Et ce soleil alors
En déguisant les nuits
Nous donne les aurores
Dorées et très jolis

C'est l'œuvre du Grand Mage
De bons commandements
Sa Loi étant message
De bons comportements

Sa Loi entière impose
Du Ciel le Souverain
Gérant depuis une rose
Et jusqu'au sage humain

On aime son copain
Mais tel on aime soi-même
Tandis qu'avec les mains
Au sol la vie on sème

XXII

Venez mes chers amis
Pour vous j'ai un message
Depuis l'Onzième Avis
Malgré chacun son âge

Brisez votre colère
Et tous unissez-vous
Car c'est la bonne manière
Pour arriver au bout

La liberté humaine
De toutes les libertés
C'est bien le droit qui mène
Envers la gloire aimée

Elle est la bonne voie
Aboutissant au Trône
Guidés par notre Loi
Et le grand de la faune

Au trône alors iront
Tous ceux qui soient utiles
Tantôt dans les sillons
Tantôt dans chaque ville

XXIII

La haine n'est rien qu'un mur
A le franchir très haut
L'amour en est pour sûr
L'élan d'en faire le saut

Ce mur nous sauterons
Et notre Ciel est guide
Qui nous fit forgerons
Même des pyramides

L'amour en est encore
Vers la victoire élan
Qui fait l'humain très fort
Et son bonheur plus grand

Alors confrères aimons
Les gens qui nous entourent
L'usine et le sillon
S'embaumeront d'amour

Partout sera tout clair
Le bon bien-être humain
Où plus jamais misère
Ne trouvera chemin

Pour arriver vers là
La femme auprès de l'homme
Prendrait la même voie
Sans que son mâle l'assomme

Ils bâtiront unis
Leur joie voulue plus neuve
Combien ces gens sans bruit
Par tant d'amour s'émeuvent!

Ne perdez point le temps
Aimer fait bien, en fait
Sans bruit à tous les gens
Au long de la planète

Si l'un travaille deux heures
Gagnant même un million
Pour l'autre aucune douleur
Vivant sur le sillon

Il en aura autant
Pour être riche entier
Par l'or équivalent
Qui empêche qu'on soit humilié

C'est bien l'intelligence
Et la magie qui crée
Faisant la différence
Des fils dans le marché

Les moins savants feront
Ainsi que les plus sages
Mais moins de temps perdront
Qui lisent les bons ouvrages

Union, travail, amour
Voilà qui est divin
La force qui fait moins lourd
La peine au citoyen

Et on pourra sourire
Gardé équivalent
En paix et en loisir
Le bon travail des gens

Seront moins dans l'extrême
Le pauvre et le bourgeois
N'importe le système
S'ils dansent ensemble en joie

Et c'est si bon savoir
Que tout le bien qu'on fait
Nous rend tous au miroir
Une seule personne de paix

Si l'un travaille une heure
Et gagne un million
L'autre de tout cœur
Laboure dans le sillon

Et tous iront dormir
Le rêve satisfait
Ayant pu aboutir
Au beau royaume paix

XXIV

Le cœur tout plein d'amour
Une fois le corps remis
On part faire son labour
Alors en bon esprit

On boit et danse et mange
Par grâce au bon travail
Qui fait de notre grange
Tout un grandiose vitrail

L'ensemble de couleur
Le feu vers son couchant
Heureuses assez les fleurs
Bénit encor les champs

Et ce si beau vitrail
A l'heure du crépuscule
Réaffirme le travail
De paix la bonne formule

La faune avec la flore
Toujours sans peur on voit
Depuis la belle aurore
Aimées par l'être roi

XXV

Le ciel nous a appris
Que l'on aura la gloire
Mais non sans peur et cris
Et des tempêtes noires

Et des chemins d'épines
Nous font faiblir souvent
Barrières de doctrines
Qui font flétrir les champs

Barrage à peine qui fait
Que l'on arrive à terme
Travail, amour et paix
Nous sont magique sperme

La vie est fécondée
Par les bénies semences
Laissant tout inondé
De foi et d'espérance

Pays où la justice
A tous sait faire égaux
Pays où la malice
S'efface depuis le haut

Ne crains outre mesure
Douleur ni pénurie
Etant notre nature
Des grains immense puit

« L'Onzième Commandement »
Enseigne avec sagesse
Qu'on peut trouver aux champs
L'élan qui tous nous dresse

Qui ait du bon esprit
Que lise assez la Bible
Du Diable, jamais, je dis!
Jamais n'en est la cible

Avec douleur, ô certes,
Son sac il remplira
Nul lieu n'aurait de pertes
Suivant cet Avis Roi

La belle aurait sa crèche
Avec douleur aussi
Sans nul besoin qu'elle prêche
Le sol l'aurait nourrie

Travail et sexe ensemble
Avec amour menés
Nous fait la vie plus ample
Sans pour autant pécher

Langage et société
En sont un fruit sans doute
Qui non sans dure piété
Grandit mais goutte à goutte

"L'Onzième Commandement"
Est un savant critère
Par là s'en vont les gens
Pour féconder la terre

Par là, ils vont au lit
Pour faire l'amour en couple
Par cet Onzième Avis
Le monde advient plus souple

L'amour lie le ménage
Qu'assure le bon travail
L'avis nous encourage
A nous tenir en taille

La taille assez humaine
Aux distinctifs bons traits
D'amour, travail et peine
De joie, douleur et paix

Pourtant nous suivent encore
Désordres capitaux
Car l'homme agit à tort
En ignorant le Haut

Travail équivalent
Tout simplement suffit
Sa couverture d'argent
Comme un soleil reluit

On a le ventre plein
Par l'or qui nous compare
Les champs remplis de grains
On chante heureux le soir

L'équivalent travail
Par l'or les gens égale
Où que l'humain s'en aille
Il chante en vraie cigale

Il va au champ le jour
Le soir, il va danser
La nuit il fait l'amour
Avec sa bien aimée

Sa bonne aimée heureuse
Aussi travaille au champ
Elle est plus amoureuse
Par l'or équivalent

Notre Architecte énorme
Nous est tel sûr savant
Qui un jour d'un ciel sans forme
Prédit ce châtiment

Amour et sexe et joie
Travail et peine et honte
Par cet avis du Roi
Envers la gloire on monte

On garantit les autres
En parsément des grains
Avant les bons Apôtres
On eut l'Avis souv'rain

Avec la bonne cervelle
Avec nos petits doigts
On fait vraiment réelle
La création du Roi

Dimanche on va en messe
Pour remercier le Dieu
Le reste on tue paresse
Pour reverdir nos lieux

Mais c'est le bon travail
Et c'est l'amour intime
Qui font que reste en taille
La vie si bellissime

Amour avec plaisir
Et la sueur des mains
N'en font pas moins courir
La vie par bon chemin

Par là, mon similaire
Qu'avec amour je crie
De par tout l'univers
D'aider la belle Jolie

Voire même avec sommeil
Elle soigne nos beaux corps
Quand vient le bon soleil
Le sien est quasi mort

L'amour qu'elle offre à nous
Est une action profonde
Qu'elle tue notre courroux,
On la dédaigne et gronde

Cette dame je la plains
Par son mauvais labour
J'appelle tous les humains
De lui offrir amour.

Sentir l'odeur de femme
Avant ou après la veille
Le cœur entier enflamme
Et notre instinct éveille

Naquit désobédience
Envers le Maître Dieu
Et douce tolérance
Quand l'homme ouvrit les yeux

Le Rêve du Prince Ailé

Le jour septième naquit
La femme à la belle forme
Quand l'Eve il découvrit
L'essor devint énorme

Partout beauté il y eut
Entière dans la planète
L'image d'Eve nue
Lui affola la tête

Au temps du moyen âge
Belle Eve fut punie
Visant freiner la rage
Causé par sa folie

Adam se tint très fort
Ayant tout clos ses yeux
Ouverts, naquit la mort
Et la colère des cieux

Pour tous la mort naquit
Quand il goûta la sève
Du bon fruit interdit
De la jolie jeune Eve

Ni bûche ni guillotine
N'ont pu jamais effacer
L'élan de la divine
Qui fit Adam pécher

Qui n'ait jamais senti
Combien devient farouche
L'hercule alors petit
Va prendre avec ta douche

XXVI

N'est jamais esclave
De droit aucun humain
De qui l'essor n'entravent
Ni loi ni souverain

Indien ou blanc ou noir
Avec ses chaînes brisées
Il peut ses buts avoir
Dans l'ère civilisée

Sa vie demeure humaine
Bien qu'il ne soit pas roi
Serrer encore ses chaînes
A peine pourra l'Etat

Pourra aller cet homme
Au lieu que l'on choisit
Au rêve humain, en somme
Cet homme y aboutit

Il peut y aboutir
En remplissant un but
Et son esprit nourrir
D'amour et de vertu

La seule façon qu'il sait
D'avoir son âme pure
C'est quand il vit en paix
Suivant la bonne culture

Culture des haricots
Ou bien de l'arachide
Qu'aux champs depuis très tôt
Les gens recueillent bolide
.
Partout que l'on cultive
Le sol mais savamment
A fin que ne dérive
Personne vers le néant

Allons chanter alors
Pendant qu'on est au champ
Depuis la belle aurore
Heureux en labourant

Et l'homme reste humain
Si la moisson est bonne
Offrant et fruit et grain
Que son esprit façonnent

Malgré du ciel la Loi
Que libre fait tous naître
Esclave alors une fois
On fut, hélas! d'un maître

Et loin d'la servitude
Il sent parfois sur lui
Le poids d'la solitude
Sous tout système maudit

XVII

Confort et doux accueil
A tous on dit qu'on donne
Mais c'est vers le cercueil
A quoi l'humain s'adonne

Le pire des criminels
Sera titré celui
Hélas! dont les prunelles
De sang, la haine ternit

Rêvant un peu d'espoir
On voit les gens partout
Qui font pousser la gloire
Dans un terrain de boue

Ainsi que pousse le blé
D'où vient notre farine
Grandit la liberté
Sans marche et sans doctrine

La liberté d'où vient
La paix avec confort
Farine d'un bon pain
Qui rend l'humain plus fort

Sans liberté les hommes
Sont pris pour des grands loups
Qui eux-mêmes se consomment
Alors leur monde fou

Celui qui a des yeux
Est loin d'avoir une faute
Pour il n'y aura lieu

Onzième commandement
Est quelque chose valable
Labour équivalent
Qui rend ta vie rentable

XXVIII

Que soit ton nom Muguet
Jasmin ou Marguerite
Tu plonge mon âme en paix
Etant ma favorite

Qu'Iris les gens te nomme
Ou bien belle Orchidée
Nul part ne vit nul homme
Qui t'ait si fort aimée

Que tu éclores une Rose
Dont la beauté m'éblouit
L'amour que je t'arrose
T'engraisse et t'épanouit

Qu'importe une Eglantine
Qu'importe un brave Laurier
Tu es ma belle divine
Qui fait nom âme radier

Si fine encor ta peau
Telle celle d'un Chrysanthème
Tout en déça du Haut
Très fortement je t'aime

XXIX

Je sais que par le monde
On ne comprend jamais
Que ma pensée profonde
Soit bien puit de paix

Aussi d'enseignement
Sont ses Avis fontaine
Qui fait agir les gens
Sans même un brin de haine

XXX

Un jour d'amour et joie
Nous vint par le Bethlehem
Pour adoucir sa Loi
L'Enfant qu'encor nous aime

Notre ère s'en tient toujours
Malgré tant de démons
Parce que du Ciel l'amour
Voire même arrose les monts

Son Fils alors Lui-même
En vint vu que les gens
Ne crurent alors suprême
L'Onzième Commandement

XXXI

Combien heureux se voit
Le Papillon qui vole
En paix et sans effrois
Couverts de grains les sols

Merci mon Papillon
De prendre soin des fleurs
Qui parent la moisson
D'où vient notre bonheur

Merci Pieux Souverain
Par ton talent génial
Ayant créé l'humain
Et l'azur magistral

XXXII

Et dans l'azur immense
Allume le Soleil
Pour voir plein de fragrance
Le monde à chaque réveil

Combien le Dieu je pris
Que notre monde demeure
Tout un endroit béni
Par le parfum des fleurs

Combien la fraîche arôme
Des fleurs par Dieu bénies
Adornent et embaument
Les monts et les prairies

XXXIII

Sage Commandement

Depuis l'Eden d'antan,
Qu'un jour Il sut nous faire
Est l'homme peu fainéant
D'après l'Onzième Critère

Travail-procréation,
L'Onzième Avis enseigne
Que c'est l'évolution
Qui garantit Son règne

Et le "choix naturel"
Qui fait l'humain géant
Y reste encor réel
Sous ce Commandement

Evolution alors
Que Dieu du Haut surveille
Où tous depuis l'aurore
Travaillent en plein le Soleil

Alors se voient fécondent
Et terre et femme ainsi
Régnant dans notre monde
Le bon Onzième Avis

Amour, travail et grain
Trois points très nécessaires
Pour que soient les humains
De Dieu bons émissaires

Travail fut châtiment
L'accouchement de même
Par la faiblesse d'Adam
Naquit l'Avis Onzième.

Il fut l'Avis premier
Qu'encore Dieu en dispose
Par cette action châtiée
L'essor en est grandiose

Tant le travail est voie
Pour l'être parvenir
A son Eden de joie
Et de riche avenir

Et ce choix naturel
N'aurait jamais vécu
Alors l'homme immortel
Sans voir son Eve nue

D'après sainte Ecriture
Sans mort vivrait l'humain
Sans crise et sans torture
Et sans la triste faim.

Du sol viendraient les gens
Adultes alors voire même
Mais paresseux pourtant
Par la magie suprême

Comment fut la furie
De l'Architecte majeur
Quand l'homme ses yeux ouvrit
Et d'Eve eut la candeur!

En tant que grondement
Travail et sexe furent
Selon l'avis du Grand
Appris dans l'Ecriture

Travaille tout en suant
Et en aimant ton Eve
Pour multiplier les gens
Tout en goutant sa sève

XXXIV

Eve encore

Notre Eve était si belle
Par la magie de Dieu
Qu'Adam devint mortel
Une fois ouverts ses yeux

Pourrait vivre à jamais
Le roi de la nature
Devant un corps parfait
Telle d'Eve la figure!

Ou blanche, indienne ou noire
Que put Adam penser
Ayant sous son regard
Le corps de son aimée?

L'Eden alors à deux
Devint vraiment unique
Sous la veillée des cieux
Le vent fut telle musique

Imaginons lecteur
Ce qui devint Adam
Quand il sentit son cœur
Bondir à son dedans!

Et dire qu'il a vécu
Dans cet superbe Eden
En ignorant si nue
Si près de lui sa reine!

Si Dieu fit l'univers
Superbement joli
Comment fut la première
Des femmes au Paradis!

Indienne, blanche ou noire
La femme d'Adam y fut
Une très fine œuvre d'art
Plus belle que la Vénus

Si furent les fleurs créées
Avec si belle l'aurore
Comment était l'aimée
Du bel Adam alors!

Comment alors ses nuits
Sous tant d'amour et rêve
Sans peine et sans ennui
Et maître de son Eve!

Indienne ou noire ou blanche
Comment étaient les yeux
Comment alors les hanches
De l' œuvre d'art de Dieu!

Ne peut tenir nul corps
Autant d'atouts à la fois
Les jours n'auraient d'aurores
La Lune l'astre Roi

La joie d'être éternel
Avec force à jamais
Etant l'humain mortel
On garantit la paix

N'étant mortel l'humain
Serait détruit ce monde
Ainsi vivant sans grains
La terre toute inféconde

Le règne de nos Roses
Aurait fané d'un coup
Si ce dont Dieu dispose
Ne donne au sexe un bout

Du monde alors part-on
En en laissant des gènes
Qu'importe en soit ton nom
Histoire court dans tes veines

L'accouchement toujours
El la mortalité
Permettent pour l'amour
Une longue éternité

Le Rêve du Prince Ailé

Combien le Dieu je prie
Que notre globe demeure
Tout un endroit béni
Par le parfum des fleurs!

Et que l'azur immense
S'allume de Soleil
Pour voir plein de fragrance
Le monde à chaque éveil

XXXV

Combien heureux se voit
Couverts de grains les sols
En paix et sans effrois
Le Papillon qui vole

Merci mon Papillon
De prendre soin des fleurs
Qui parent la moisson
D'où vient notre bonheur

Tant le bonheur nous vient
De la moisson féconde
De nos petits bons grains
Soutien de notre monde

L'amour, les mains, l'esprit
Avec le sol fertile
Voilà qui garantie
Que l'homme soit plus utile

L'esprit, l'amour, les mains
Avec la partenaire
Cet être aux jolis seins
Essor de l'univers

L'esprit, les mains, l'amour
Par là notre monde est
Un paradis toujours
D'essor, douleur et paix

Merci, oh, Dieu encore
Pour cette trilogie
Qui fait que soit l'aurore
De plus en plus jolie

Et toi, mon Papillon
Y rêve heureux sans peur
Que par les horizons
Parfumeront tes fleurs

XXXVI

A un Héros

Aura un jour son trône
Ton peuple, ami Toussaint
Ton âme encor qui prône
Un droit Américain

Flambant bel Empereur
Si noire ébène ta peau
Avec ruse et grandeur
Briser tu sus nos maux

Planté en fut un arbre
Par ton immense exploit
Et dont l'écorce, tel marbre
Rempart puissant sera

Et l'arbre aura ses fruits
Tenant fort ses racines
Qu'on ait ta peau ternie
Ton sang est sa résine

Glorieux beau Jacobin
Des noirs grande ouverture
Tu es tel ce tocsin
Closant notre blessure

Premier sacré standard
Sans fin Révolution
Chemin encor des Noirs
De leur mancipation

XXXVII

Heureux on voit le Papillon
Voler autour des jolies fleurs
Qui parfument les villes et les monts
Pleins de chants et couleurs

Et il s'endort, déjà la nuit
Sans quitter cet endroit magique
De paix, amour et rêverie
De labour et musique

Prince joli, dors
Tout reste en paix
Et plein d'aurore

Et fiers tous s'y croient derechef
Par cet univers merveilleux
Dans un béni et divin fief
Le royaume de Dieu

Dors Prince joli
En paix tout reste
Par le Ciel béni

XXXVIII

Comment fut ta magie
Ayant créé la Terre
Paisible paradis
Sans peine ni misère!

Comment fut ta sagesse
Ayant créé l'humain
La force et la faiblesse
Avec cerveau et mains!

Comment fut Ton grand art
Partout tant de beauté!
N'en fut la Terre miroir
De ton royaume doré?

XXXIX

"Prince ailé rêve encore
De l'univers joli
Où tous depuis l'aurore
Refont le Paradis

Mais rêve, oh Papillon,
Que soit presque éternel
Sous ce bel horizon
Un grand amour mutuel!

Et garde ton espoir
Que tous seront contents
Dans ce royaume de gloire
D'amour, travail et chants

Et dans azur là-haut
Eclate encore l'Etoile
Pour que se voie plus beau
Ce monde magistral

Oh, grâce à Dieu, mille fois
De ce bel Univers
Et bleu, rouge et lilas
Et jaune, blanc et vert!

XL

Epilogue

Ce monde fabuleux
Est bien une œuvre d'art
Que seulement un Dieu
A fait à notre égard

Eden multicolore
Par tant de fleurs partout
Ce monde de folklore
Est un divin bijoux

D'amour et joie ce monde
De chants, labour et paix
Et d'amitié profonde
Tels sont Ses grands souhaits

XLI

Un jour
Sera
Ce monde,
D'amour
Et foi
Profonde
Sans haine
Courroux
Ni pleurs
Eden
Partout
Des fleurs!

XLII

Et merveilleux
Sera ce monde
De jolis lieux
Et terre féconde!

Un monde sans vipère,
Sans haine et sans courroux;
Un monde tout prospère
D'amour limpide et doux.

L'Eden qu'un jour fut fait,
Sans mouvement réel,
De longue étrange paix,
Sans qu'Eve on sût si belle.

Ce monde rêve alors
Le Prince fabuleux,
D'arôme et de couleur,
Et d'un humain heureux!

XLIII

Papillon rêveur,
Vole heureux
Et embrasse ta fleur
Tout joyeux

Quand tu es si gai
On te vénère
Qu'elle s'appelle Muguet
Ou bien Fougère

Va de champ en champ
Dès l'aurore
Où la rose t'attend
Pour t'aimer encore

Soyez fort unis
Bien qu'il pleuve
Parce que la pluie
Le sol abreuve

La terre arrosée
Est féconde
Car la pluie tombée
N'est point hécatombe

Alors au semis
C'est l'abondance
Et le Prince aillé
Chante et danse

Papillon rêveur,
Vole heureux
Et embrasse ta fleur
Tout joyeux

Quand tu es si gai
On te vénère
Qu'elle s'appelle Muguet
Ou bien Fougère

Alors au semis
C'est l'abondance
Et le Prince aillé
Chante et danse

XLIV

Petit joli qui vole,
Assez heureux qu'on voit,
Partout les fleurs aux sols
Iris ou Roses qui soient,
Lauriers ou Chrysanthèmes
Lilas ou Azalées
On sait combien elles l'aiment,
N'importe préférée.

Jasmins et Aubépines,
Orties et Camélias,
Lavandes et Glycines,
Immaculées s'en voient.